코딩

글 최재훈

학습 만화, 어린이 교양서, 에듀테인먼트 게임 등 다양한 분야의 콘텐츠를 넘나들며 기획하고 글을 쓰고 있습니다. 최근에는 4차 산업 혁명과 함께 다가올 사회 변화에 주목해 변화될 직업, 첨단 과학 기술 등에 관한 스토리에 집중하고 있습니다. 대표작으로는 '와이즈만 첨단과학 시리즈', '꿈의 멘토 시리즈', 'Hello MY JOB 시리즈', 'Who? 시리즈', '미션 돌파 과학 배틀 시리즈' 등이 있습니다.

그림 툰쟁이

유익하고 재미있는 학습 만화를 그리기 위해 노력하는 학습 만화 창작팀입니다. 만화라는 창을 통해서 어린이들에게 행복한 꿈과 희망을 전해 주는 작가가 되고 싶습니다. 대표 학습 만화로는 '와이즈만 첨단과학' 시리즈 《사물 인터넷》, 《셀파 탐험대(역사편 총 4권)》와 'Who? 시리즈' 《김유신》, 《진흥왕》, 《이황·이이》, 《메시》, 《이태석》, 《일론 머스크》 등이 있습니다.

감수 장윤재

고려대학교에서 컴퓨터 교육학 전공 박사 학위를 취득했습니다. 현재 고려대학교 정보창의교육연구소에서 재직하며, 초보자를 위한 코딩 교육과 정보 교육에 관한 연구 및 강의를 하고 있습니다. 초등학생부터 대학생까지를 대상으로 한 코딩 캠프를 다수 기획 및 운영하고 있으며, 최근에는 유아 코딩 교육을 위한 《코딩 플레이그라운드》를 공동 번역했습니다.

코딩

작전명, 지구를 구하라!

최재훈 글 | 툰쟁이 그림 | 장윤재 감수

와이즈만 BOOKs

감수의 글

미래의 주인공인
이 책의 독자들에게

앞으로 다가올 미래 사회를 살아가기 위해서 우리는 지금 무엇을 준비해야 할까요? 미래를 정확하게 예측하는 사람은 아무도 없습니다. 하루가 멀다 하고 새로운 기술이 등장하고 이를 통해 사회가 예측하기 어려울 정도로 변화하고 있기 때문입니다. 미래를 예측할 수 없다면, 우리는 무엇을 어떻게 준비해야 할까요? 유명한 컴퓨터 과학자이자 어린이들을 위한 컴퓨터 교육에 지대한 공헌을 한 앨런 케이(Alan Kay)는 '미래를 예측하는 가장 좋은 방법은 미래를 발명하는 것이다.'라고 이야기했습니다.

우리가 미래를 예측할 수 없다면, 지금 우리가 할 수 있는 일은 바로 미래를 직접 만들어 보는 것입니다. 그 중에 가장 대표적인 것이 바로 '코딩'입니다. 누구나 코딩을 배워야 한다는 생각에 빌 게이츠, 스티브 잡스, 마크 주커버그 등 IT 기업의 전문가뿐만 아니라 대통령, 농구선수, 모델 등 비전문가들도 동참하고 있습니다. 이제는 어떻게 배워야 하는지를 고민하고 있습니다.

코딩은 프로그램을 만드는 것입니다. 프로그램은 컴퓨터로 할 수 있는 모든 작업을 가능하게 해 주는 것입니다. 웹에 접근할 수 있는 프로그램을 통해 우리는 전 세계의 사람들과 정보를 공유할 수 있습니다. 동영상 편집 프로그램을 이용하여 촬영한 영상을 편집하고 공유할 수도 있습니다. 여러분이 좋아하는 게임도 프로그램입니다.

만약 우리가 이런 프로그램을 만들 수 있다면, 우리의 삶은 어떻게 변화될까요? 코딩하는 방법을 안다는 것은 내 생각을 표현하고, 문제를 해결하고, 세상을 좀 더 이롭게 발전시킬 수 있는 가능성을 얻는 것입니다.

이 책은 코딩을 처음 만나는 어린이들에게 좋은 시작점이 될 수 있습니다. 지구를 구하기 위해 위기에 빠진 구루, 라마, 마르탱이 외계인이 제시하는 문제들을 코딩을 통해 해결해 가는 과정을 매우 흥미롭고 재미있으면서 유익하게 제시하고 있습니다. 코딩의 핵심 개념을 쉽게 이해할 수 있으며, 특히 코딩의 역할과 코딩을 배워서 무엇을 할 수 있는지를 알려 줍니다.

코딩은 깊이 있게 생각하는 일입니다. 코딩은 어떤 문제를 내가 아닌 다른 무언가가 해결하도록 명령하는 일입니다. 코딩은 내 생각을, 다른 것을 이용하거나 함께 표현하는 일이기도 합니다. 코딩은 단순히 문제를 해결하는 것을 넘어서서 내 생각을 표현하는 새로운 수단입니다.

우리가 남들이 만든 미래를 따라가는 것이 아니라 직접 만들어 보는 것은 어떤 기분일까요? 그것은 아마도 가슴이 뛰는 긴장감과 책임감 그리고 어렵지만, 매우 즐거운 여정이 될 것입니다. 그리고 그 여정에 이 책이 끝이 아닌 시작이 될 것입니다. 여러분들도 코딩을 이용한 파워풀한 여행에 동참해 봅시다!

장윤재(이학 박사, 컴퓨터 교육학 전공, 정보창의교육연구소)

차례

감수의 글 미래의 주인공인 이 책의 독자들에게 ● 4
키워드 ● 8
등장인물 ● 10

1장 지구 파멸의 날 ● 12

컴퓨터 운영 체제 ● 17
스마트폰에 사용되는 운영 체제 ● 18
응용 소프트웨어 ● 20

2장 멈춰라, 천장! ● 32

앨런 튜링 ● 41
튜링 머신과 컴퓨터, 그리고 코딩 ● 42
컴퓨터와 이진법 ● 49

3장 미로 탈출 ● 52

알고리즘 ● 56
코딩에 사용되는 여러 가지 알고리즘 ● 58
미로 탈출 알고리즘 - 우선법(오른손 우선의 법칙) ● 61
순서도와 코딩 ● 66

4장 멸종 위기에서 탈출하라! • 72
코딩 프로그램 '엔트리' • 76
조건문과 반복문 코딩 • 87

5장 얼음 공룡의 최후 • 92
반복문을 이용해 코딩하기 • 97
코딩에서 함수란? • 105

6장 위기의 코딩 유토피아 • 112
건물 속 숨은 코딩 찾기 • 117
인간의 말과 글을 처리하는 알고리즘 • 119
코딩과 피지컬 컴퓨팅 • 120
로봇 청소기 코딩 원리 • 128

7장 지구를 부탁해! • 132
뉴미디어, 아트, 코딩과 문화-예술의 만남 • 137
인공 지능을 만드는 알고리즘과 코딩 • 142

코딩이 바꾸어 놓을 미래 사회 • 152
코딩이 바꾸어 놓을 직업의 세계 • 154

키워드

코딩(프로그래밍)

코딩과 프로그래밍은 사실상 같은 말로 사용되고 있다. 좁은 의미에서 코딩은 잘 설계된 알고리즘을 컴퓨터가 이해할 수 있는 프로그래밍 언어로 바꾸는 작업만을 가리켰다. 하지만 프로그램을 만들 때는 필요한 프로그램을 구상하고, 설계하고, 업데이트하는 모든 과정을 포함하기 때문에 단순히 코드를 짜는 일보다 훨씬 많은 작업이 필요하다. 복잡한 프로그램을 만들게 될수록 단순히 코드를 짜는 일보다 그 이전에 프로그램을 설계하는 일, 여러 사람이 프로그램을 함께하도록 계획을 짜는 일이 더 중요해진다. 넓은 의미에서 코딩은 이런 과정 전체를 포함하고 있다.

코딩 언어

사전적인 의미로 코딩(프로그래밍) 언어란 프로그램을 작성하는 데 사용되는 기호 체계를 말한다. 프로그래밍 언어는 한마디로 인간의 말을 컴퓨터가 이해할 수 있는 기계어로 바꿔 주기 위한 통역사 역할을 한다고 볼 수 있다. 대표적인 프로그래밍 언어로는 C언어, 자바 스크립트, 웹 사이트를 만들 때 주로 사용되는 HTML, 배우기가 쉬워 최근에 많이 사용되고 있는 파이썬 등이 있다. 초등학교에서의 코딩 교육이 활발해지면서 블록 형태로 코딩을 배울 수 있도록 만든 스크래치와 엔트리 같은 교육용 프로그래밍 언어도 있다.

이진법과 십진법

0부터 9까지 10개의 숫자로 수를 나타내는 숫자 표기법을 십진법이라고 한다. 일상생활에서 사용하는 숫자 표기는 모두 십진법인 셈이다. 하지만 컴퓨터와 디지털의 세계로 가면 사정이 다르다. 컴퓨터는 모든 숫자와 문자를 0과 1로 나타내고 이해한다. 0은 0, 1은 1로 십진법과 같이 표현되지만, 2는 10, 11은 1011과 같이 다르게 표현된다. 주로 컴퓨터에서 이진법이 사용되는 이유는 0과 1이라는 두 개의 숫자가, 전기가 흐르지 않을 때와 흐를 때의 상태를 나타내는 데 적합하기 때문이다. 컴퓨터와 디지털 장비들은 0과 1이라는 두 가지 상태를 가진 여러 소자를 조합해서 특정한 신호나 명령을 만들어 낸다. 0과 1로만 표현된 기계어가 컴퓨터에 사용되는 것도 이런 이유이다.

기계어와 어셈블리어

컴퓨터가 직접 읽고 이해할 수 있도록 0과 1로만 된 이진법으로 이루어진 언어를 기계어라고 부른다. 프로그래머가 여러 종류의 프로그래밍 언어를 사용해 만든 프로그램은 어셈블러와 컴파일러를 거쳐 기계어로 번역되는 과정을 거쳐야만 컴퓨터가 이해할 수 있게 된다. 어셈블리어는 기계어와 1대 1로 대응하는 언어로, 사람이 보고 이해하기 좀 더 쉽게 만들어진 언어이다. 컴퓨터의 구조나 하드웨어에 따라 기계어가 바뀌기 때문에, 그에 대응하는 어셈블리어도 달라지게 된다. 어셈블리어는 기계어와 비교하면 프로그래밍하기 쉽고, 하드웨어에 직접 접근할 수 있어 처리 속도가 빠르다는 장점이 있다. 하지만 일반적인 프로그래밍 언어보다 사람이 보고 이해하기가 어렵고, 컴퓨터의 종류에 따라 달라진다는 단점이 있다.

비트와 바이트

비트(binary digit)는 수학이나 컴퓨터 분야에서 이진법을 나타내는 최소 단위를 말한다. 컴퓨터의 연산 장치와 기억 장치는 명령을 실행할 때 이진수를 사용해서 계산하고 기록한다. 이때 이진수의 숫자 0과 1로만 표현되는 신호의 최소 단위가 비트다. 바이트는 8개의 비트로 구성되는 정보의 단위를 말한다. 1바이트는 8비트, 즉 2의 8제곱에 해당되는 256개의 정보를 나타낼 수 있는 단위인 셈이다. 하드 디스크나 USB 디스크의 저장 용량을 표기할 때도 바이트 단위가 주로 사용되는데, 1KB(킬로바이트)는 1024바이트, 1GB(기가바이트)는 1024MB(메가바이트), 1TB(테라바이트)는 1024GB(기가바이트)를 뜻한다.

버그와 디버깅

버그(Bug)는 컴퓨터나 스마트폰과 같은 디지털 기기를 이용할 때 발생하는 결함을 말한다. 대부분의 버그는 디지털 기기를 사용하기 위해 함께 설치한 소프트웨어의 프로그램 코드가 잘못되었을 경우에 나타난다. 이럴 경우 소프트웨어 업데이트를 통해 버그를 해결한다. 이와는 다르게 하드웨어의 설계가 잘못되어 나타나는 버그도 있는데 이런 경우도 소프트웨어로 해결할 수 있지만, 버그가 심각할 때는 하드웨어를 교체해야만 하는 경우도 있다. 한편, 프로그램 개발을 위해 코딩을 하는 동안에는 수많은 버그가 나타나고 이를 해결하는 디버깅 과정을 거치게 된다.

사물 인터넷과 임베디드 프로그램

특정한 제품이나 작업을 위해 그 제품 안에 설치되는 프로그램을 말한다. 임베디드 프로그램은 특정한 제품이 작동하는 동안 자동적으로 실행되고 운영되는 경우가 많다. 사물 인터넷이 발달되면서 보급되기 시작한 수억 개의 센서에는 각각의 역할에 맞는 임베디드 프로그램이 함께 설치되는 경우가 많다. 임베디드 프로그램을 개발하는 프로그래머는 코딩 능력과 함께 프로그램이 사용될 하드웨어에 대한 풍부한 지식을 필요로 한다.

구루

'봉구'라는 본명보다 '구루'라는 게임 아이디로 불리기를 좋아하는 게임 덕후이다. 평소에는 덜렁대고 빈틈이 많지만, 게임 속으로만 들어가면 엄청난 리더십과 문제 해결 능력을 보여 준다.

라마

구루처럼 '봉자'라는 본명을 거부하고, 수학 천재 라마누잔의 이름에서 따온 '라마'라는 이름을 쓰고 있다. 책 읽기를 좋아하고, 수학 문제 푸는 걸 즐기는 수학 덕후이다. 어떤 상황에서도 흥분하지 않고 침착함을 유지하는 게 장점이지만, 위기 상황에서 너무 느긋한 게 단점이다.

마르탱

힙합 댄스에 빠져 지내는 프랑스 소년이다. 낙천적인 성격이지만, 운동 신경이 엄청나다. 케이 팝과 군무에 빠져 한국어를 배웠다. 방학 동안 좀 더 한국 문화를 알기 위해 한국 친구인 구루 집에 놀러 와 있다.

얼큰이 외계인들

뇌 용량이 인간의 4배가 넘는 얼큰이 외계인들이다. 지적 평균 수준이 떨어지는 은하계 생명체를 테스트해서 합격하지 못하면 멸망시킨다. 은하계 생명체의 지적 퇴화를 막는 일을 임무로 삼고 있다.

천문대장

외계 생명체를 발견하는 일을 천직으로 삼고 있다. 우주에서 날아온 전파와 빛을 해석하는 프로그램을 스스로 코딩할 정도의 코딩 실력자이다.

도우미 로봇

인간의 말을 알아들을 수 있는, 자연어 처리 능력을 지닌 인공 지능 로봇이다. 논리적으로 정리된 인간의 언어를 바로 컴퓨터 프로그래밍 언어로 바꿀 수 있는 능력이 있다.

AI '천개의 눈'

코딩 유토피아라는 가상 현실 세계를 관장하는 인공 지능 컴퓨터로 얼큰이 외계인 종족이 코딩해서 만들었다.

1장
지구 파멸의 날

애들아! 이제 곧 천문대에 도착할 거야! 완전 기대되지?

아빠, 유성우 같은 건 집에서 유튜브로 찾아보면 충분할 것 같은데요.

↑ 와이즈만 천문대

제 생각도 그래요, 아저씨. 엄마 때문에 오긴 했지만, 그 시간에 수학 문제라도 하나 더 푸는 게 생산적이죠.

유클리드 기하학

컴퓨터 운영 체제

소프트웨어 중에서도 컴퓨터의 메인 프로세서, 메모리, 하드 디스크, 프린터, 마우스, 키보드와 같은 하드웨어를 작동할 수 있게 만들어 주는 소프트웨어를 '운영 체제'라고 부른다.

윈도우(MS Windows)

빌 게이츠가 이끄는 마이크로소프트사가 만들었고, 현재까지 가장 많은 컴퓨터에서 사용되고 있는 운영 체제이다.

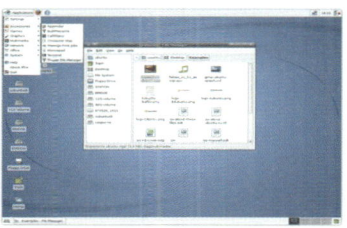

리눅스(LINUX)

윈도우와는 달리 모든 프로그래밍 소스를 공개하고, 무료로 사용하게 할 목적으로 1991년 핀란드의 리누스 토르발스가 만든 운영 체제이다.

맥 OS(Mac OS)

애플사의 매킨토시용 컴퓨터(맥북, 아이맥, 맥북에어)에 사용되는 운영 체제로 애플사의 휴대폰인 아이폰, 아이패드와 연계되어 있는 것이 특징이다.

운영 체제는 컴퓨터를 작동하고, 시스템 전체를 감시하며, 처리해야 할 데이터의 관리와 작업 계획 따위를 조정하는 여러 가지 프로그램으로 구성되어 있어. 사람들이 가장 많이 쓰는 운영 체제로는 여기 보이는 이런 것들이 있고.

운영 체제가 없으면 컴퓨터는 깡통이나 마찬가지군요!

스마트폰에 사용되는 운영 체제

아이폰

iOS

애플사가 아이폰과 아이패드에 사용하기 위해 만든 전용 운영 체제 소프트웨어이다.

삼성폰

타이젠

우리나라의 삼성전자가 독자적으로 만든 스마트폰용 운영 체제로, 사물인터넷과 드론용 운영 체제로도 사용되고 있다.

구글폰

안드로이드

구글사가 만든 모바일용 운영 체제로, 아이폰을 제외한 대부분의 스마트폰에서 사용 중이다.

응용 소프트웨어

응용 소프트웨어란 윈도우나 리눅스, 맥 OS와 같은 운영 체제 위에서 실행되는 모든 소프트웨어를 말한다. 우리가 흔히 컴퓨터를 쓴다고 하는 말은 바로 이 응용 소프트웨어를 사용하는 일이기도 하다.

사무용 응용 소프트웨어
문서를 작성하기 위해 사용하는 대표적인 응용 소프트웨어로 MS 오피스, 한컴오피스 등이 있다.

그래픽 작업용 응용 소프트웨어
가장 기본적인 그래픽 응용 소프트웨어는 윈도우에서 제공하는 '그림판'이다. 좀 더 전문적인 그림을 그리기 위해서는 포토샵, 일러스트레이터와 같은 소프트웨어를 써야 한다.

인터넷용 응용 소프트웨어
인터넷 익스플로러와 구글 크롬과 같은 웹 브라우저 역시 응용 소프트웨어에 속한다.

보고 듣고 즐기기 위한 응용 소프트웨어
음악 플레이어, 동영상 플레이어, 온라인 게임 역시 응용 소프트웨어 중 하나라고 볼 수 있다.

그러니까 윈도우는 운영 체제, 윈도우에서 도는 게임은 응용 소프트웨어란 거구나!

내가 직접 코딩한 응용 프로그램도 있다는 말씀! 내 자랑하는 거 절대 아님.

이렇게 짠 프로그램 코드는 컴퓨터가 바로 이해할 수 없어. 그래서 컴파일러라는 번역기를 통해 프로그램 코드를 컴퓨터가 이해할 수 있는 기계어로 바꿔 주는 거지.

코딩 = 프로그래밍
프로그래머 = 프로그램(소프트웨어) 개발자

그러니까 코딩은 프로그래밍하고 같은 말이군요. 프로그래머 혹은 개발자라고 부르는 사람들은 코딩을 통해 컴퓨터에게 할 일을 알려 주는 거구요.

빙고! 역시 저 두 사람과는 생각하는 레벨이 다를 줄 알았지.

뭐라구요!

뭐 그런 당연한 얘기를 새삼스럽게 후후.

애들아, 무사하니?

네. 저희들은 괜찮아요. 그런데 어떻게 된 거죠? 유성은?

콜록 콜록 콜록

스스스

두둥

너희들이 은하계의 지적 평균을 깎아 먹는다는 그 문제의 지구인이렷다.

외계인, 아니 괴물, 여긴 지옥? 꼴까닥!

꼬르륵

헐! 유성이 아니라 외계인의 우주선이었어.

외계인이 아니라 외계 지적 생명체라고 해야겠지. 머리가 정말 큰걸.

증명하라고? 쿠후후. 멸종을 앞둔 종족은 다 그렇게 얘기하지. 그래서!

그래서 마지막 증명의 기회를 주도록 되어 있지! 그것도 행성에 도착해서 처음 만난 종족원에게 말야.

게임 볼! 가랏!

지구인 대표들! 명심해라! 미션을 통과하고 게임 볼에서 **빠져나와야만** 지구인을 구할 수 있다는 것을!

우린 지구인 대표가 아니라고요!

이건 어떤 수학적 원리가…. 우아앗!

으악! 빨려 들어간다!

2장
멈춰라, 천장!

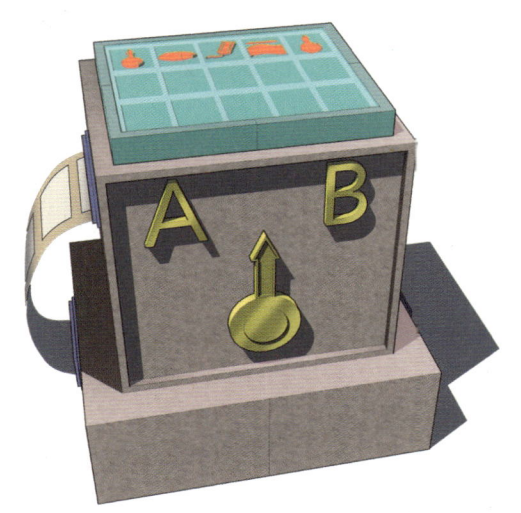

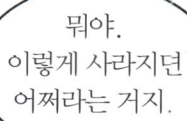

이건 뭐지?
이거 어디선가 본 적이 있어.
이거 게임기 아닐까? 얼큰이들이 여기가 게임 볼이라고 했으니까.
엥? 수학 책벌레인 네가 이런 게임기를 어디서 봤다고 그래. 말도 안 돼.
우웅
끼릭
착 착 착
게임기가 움직이려나 봐!
저절로 움직이는 게임기라니 느낌이 안 좋아.
A
B
휘릭

앨런 튜링

앨런 튜링
(1912~1954, 영국)

수학자 앨런 튜링은 어린 시절부터 수학 분야에 뛰어난 재능을 보였다. 23살이 되던 해 그는 〈계산 가능한 수와 결정 문제의 응용에 관하여〉라는 논문을 썼는데, 여기서 그 유명한 '튜링 머신'이라는 가상의 연산 기계를 선보였다. 그가 제안한 튜링 머신은 현대적인 컴퓨터의 핵심 개념을 담고 있어, 사람들은 앨런 튜링을 '컴퓨터 공학의 아버지'라고 부르기도 한다. 제2차 세계 대전이 발발하자, 튜링은 영국 정부가 만든 '정부 암호 학교'의 암호 해독반 수학 팀장으로 스카우트되어 독일군의 암호 체계를 파헤치는 일을 한다. 독일이 만든 암호 기계 '애니그마'는 당시로서는 해독 불가능한 기계로 알려져 있었다. 튜링은 자신의 능력을 발휘해 '봄베(Bombe)'라는 이름의 자동 암호 해독 기계를 만들어 냈다. 튜링과 봄베의 활약으로 영국과 연합국은 독일과의 전쟁을 유리하게 이끌 수 있었다.
전쟁이 끝나자, 앨런 튜링은 지금 우리가 쓰는 컴퓨터의 조상격인 자동 계산 기계를 만드는 일에 몰두했다.

자동 암호 해독 기계 봄베

튜링 머신과 컴퓨터, 그리고 코딩

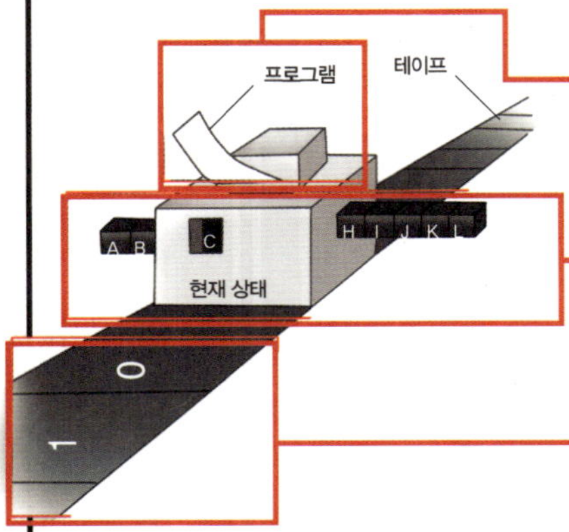

튜링 머신
- 프로그램
- 테이프
- 현재 상태

컴퓨터

튜링 머신	컴퓨터
명령문 튜링 머신이 읽어 들일 명령 집합	**프로그램과 소프트웨어**
튜링 머신 본체 명령문을 읽고, 실행	**컴퓨터 본체** CPU, 메모리 등
(무한한)테이프 튜링 머신이 수행한 명령의 결과물이 찍혀 나옴	**출력 장치** 프린터, 모니터 등

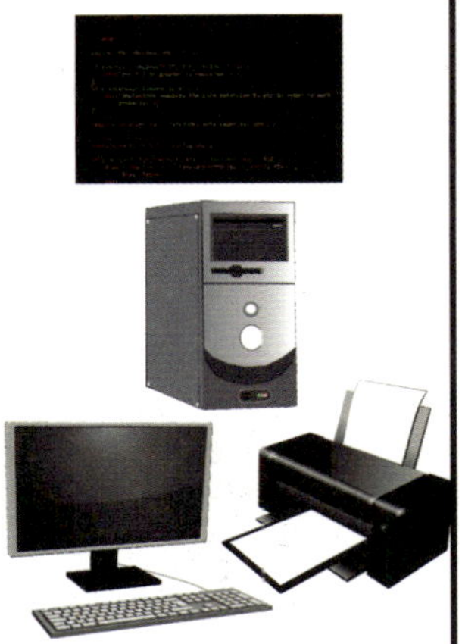

튜링 머신은 튜링이 머릿속으로 생각해 낸 기계로 실제로 만들어 낸 기계는 아니야. 앨런 튜링은 무한히 긴 테이프와 연결되어 있는 작은 기계 상자 튜링 머신을 생각해 냈어. 입력되는 명령어에 따라 몇 가지 정해진 동작을 자동으로 할 수 있는 기계를 말야.

사람들은 튜링이 고안한 튜링 머신이 현대적인 컴퓨터의 원형이라고 생각해. 그냥 단순한 상자 같지만 '정해진 규칙에 따라 코딩(프로그래밍)된 명령을 수행하는 자동 기계'라는 점에서는 지금 우리가 쓰는 컴퓨터의 원리와 똑같기 때문이야.

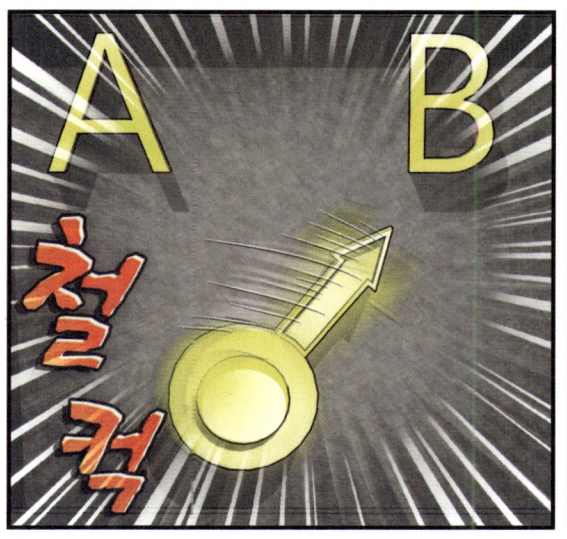

컴퓨터와 이진법

컴퓨터는 기본적으로 이진법으로 행동하는 기계다. 대부분의 반도체와 전기 회로는 전기가 흐르는 상태와 흐르지 않는 상태, 두 가지로 나뉘기 때문에 컴퓨터 역시 이런 전기적 신호 처리 방법을 따르고 있다. 전기가 흐르지 않으면 0, 전기가 흐르면 1로 인식해 모든 명령과 데이터를 처리한다. 이 때문에 컴퓨터에 명령을 내리기 위해 코딩한 모든 프로그램은 이진수로 바뀌어 컴퓨터에 전달된다.

십진법	이진법
0	0
1	1
2	10
3	11
4	100
5	101
6	110
7	111
8	1000
9	1001
10	1010

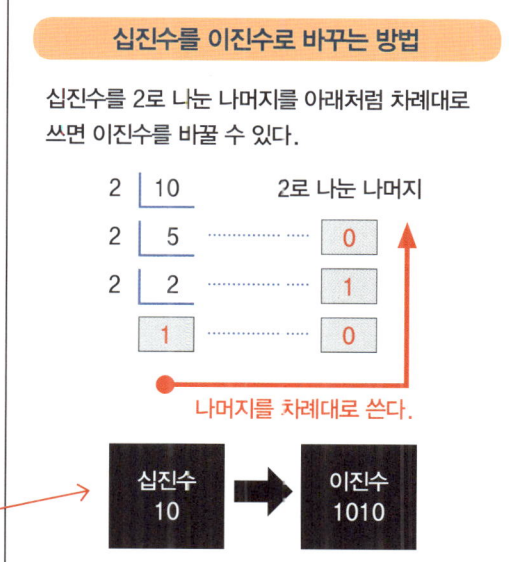

십진수를 이진수로 바꾸는 방법

십진수를 2로 나눈 나머지를 아래처럼 차례대로 쓰면 이진수를 바꿀 수 있다.

나머지를 차례대로 쓴다.

십진수 10 ➡ 이진수 1010

지금 필요한 건 거꾸로야. 이진수를 십진수로 바꿔 줘야 하니깐.

아하, 아까 천문대장님이 얘기했던 컴파일러가 그래서 필요했던 거군. 프로그래밍 언어로 코딩한 내용을 이진법으로 된 기계어로 바꿔 준다던.

3장 미로 탈출

알고리즘

알고리즘의 문제 해결 능력

알고리즘이란 사람들이 무언가 해결해야 할 문제에 부딪혔을 때, 그 문제를 해결하기 위해 해야 할 일의 순서나 절차를 정리한 것을 말한다. 음식을 만들 때 쓰는 레시피나 결혼식을 할 때 쓰는 예식 순서도 알고리즘 중의 하나라고 할 수 있다.

디지털 세상의 주인공이 되는 비법

컴퓨터와 인터넷이 많이 사용될수록 알고리즘의 중요성은 커지고 있다. 컴퓨터에게 문제를 해결하도록 하려면 '적절한 알고리즘'으로 코딩을 해 주어야만 하기 때문이다. 더 효과적으로, 더 빨리 문제를 해결할 수 있는 알고리즘을 생각해 내는 것이야말로 디지털 세상의 주인공이 되는 지름길이라고도 할 수 있다.

> 일상에서 부딪히는 여러가지 문제를 해결하는 과정을 알고리즘이라고 할 수 있다는 거 몰랐지, 지구인들?

라면 조리법 알고리즘

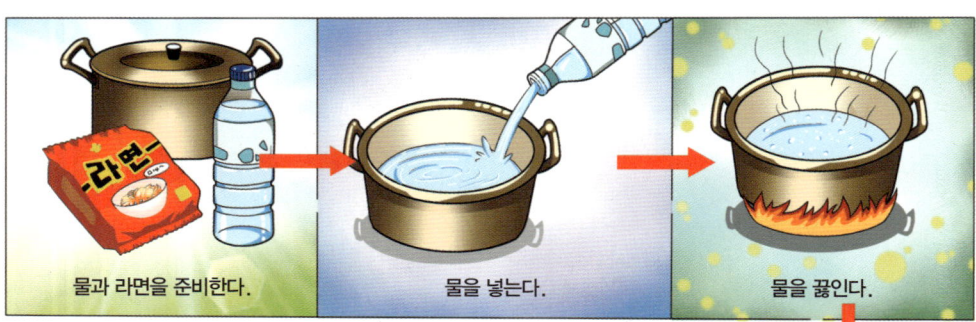

물과 라면을 준비한다. → 물을 넣는다. → 물을 끓인다.

물이 끓으면 면과 스프를 넣는다.
물이 끓지 않으면 계속 물을 끓인다. → 4분이 지나면 불을 끈다. → 라면을 그릇에 담는다.

코딩에 사용되는 여러 가지 알고리즘

원하는 것을 가장 빨리 찾아 주는 검색 알고리즘

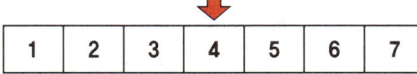

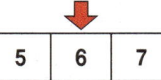

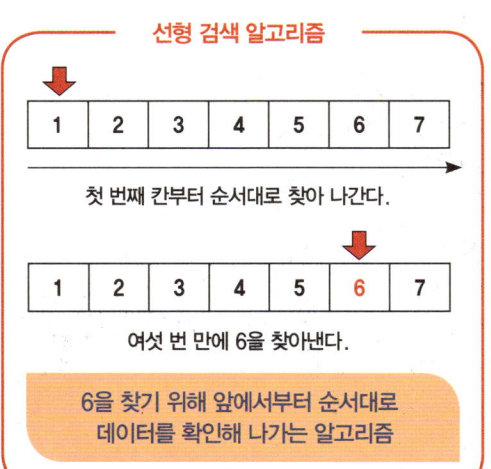

선형 검색 알고리즘

첫 번째 칸부터 순서대로 찾아 나간다.

여섯 번 만에 6을 찾아낸다.

6을 찾기 위해 앞에서부터 순서대로 데이터를 확인해 나가는 알고리즘

6을 찾아라!

이진 검색 알고리즘

절반을 뚝 자른 가운데부터 찾는다.
4가 6보다 작기 때문에 4의 왼쪽 부분은 버린다.

4의 오른쪽에 위치한 데이터 중에서도 가운데에 있는 데이터부터 확인한다.
두 번 만에 6을 찾아낸다.

데이터를 반씩 쪼개서 찾으려고 하는 데이터와 비교해 나가는 알고리즘

원하는 데이터를 가장 빨리 찾아 주는 알고리즘을 '검색 알고리즘'이라고 해. 빅 데이터 시대에 꼭 필요한 알고리즘이야.

가장 빠른 길을 찾아 주는 '최단 경로 알고리즘'은 정말 쓸모가 많지. 중간에 여러 곳을 거쳐서 가야할 경우까지 포함해서 가장 빠른 길, 혹은 가장 짧은 길을 찾아 주는 알고리즘이야. 이런 알고리즘은 내비게이션의 빠른 길 찾기, 택배 회사의 배송 시스템 등 여러 곳에서 활용되고 있어.

가장 빠른 길을 찾아 주는 최단 경로 알고리즘

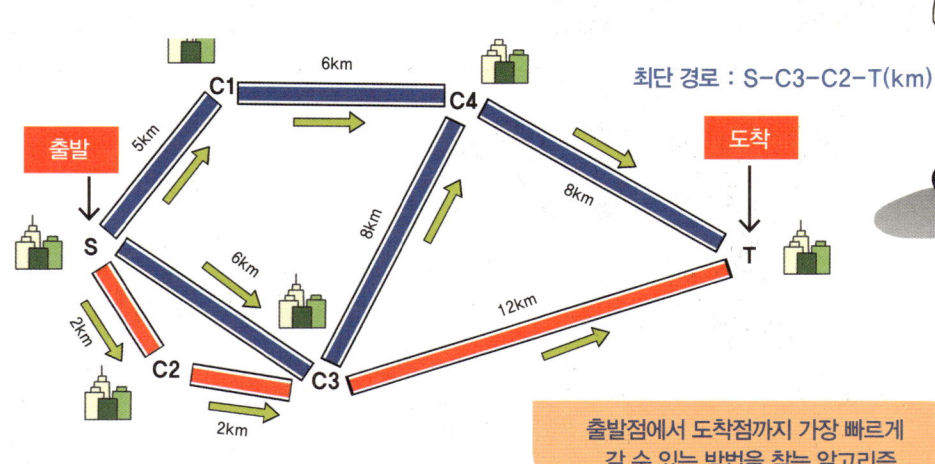

최단 경로 : S-C3-C2-T(km)

출발점에서 도착점까지 가장 빠르게 갈 수 있는 방법을 찾는 알고리즘

미로 탈출 알고리즘 - 우선법(오른손 우선의 법칙)

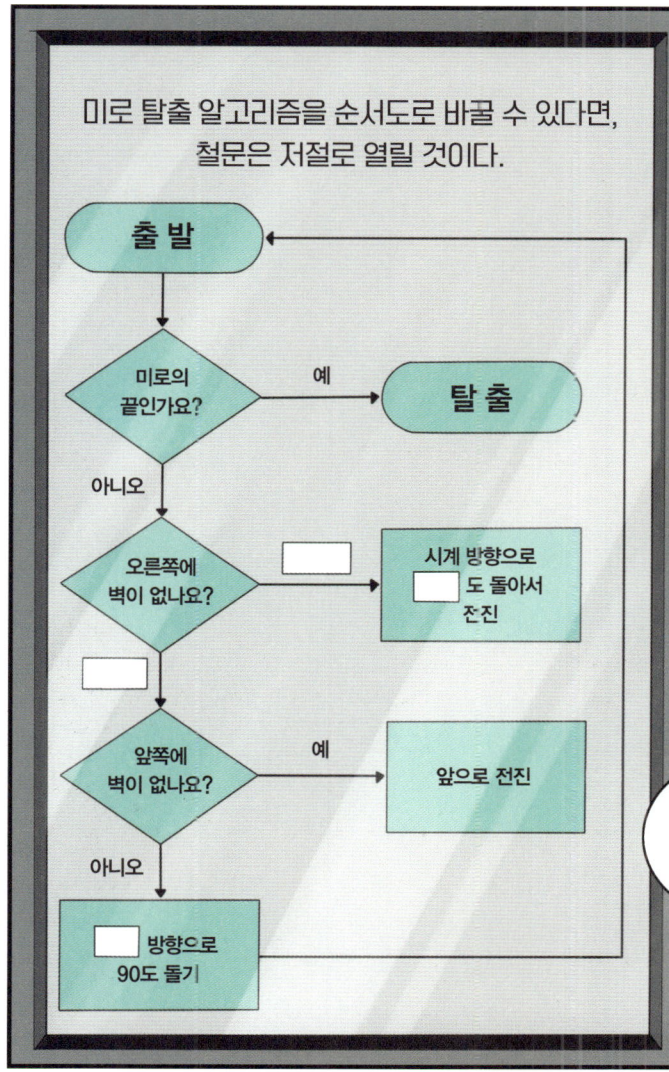

순서도와 코딩

순서도는 코딩을 하기 전에 필요한 알고리즘을 이해하기 쉽게 기호와 그림으로 나타낸 설계도를 말한다. 알고리즘을 순서도로 표현하기 위해 여러 가지 기호가 사용된다.

순서도의 여러 기호들

순서도의 시작과 끝을 나타내는 기호

계산이나 여러 작업을 처리하는 기호

참과 거짓을 판단해야 하는 조건을 나타내는 기호

입력이나 출력을 나타내는 기호

순서도의 흐름을 나타내는 기호

알고리즘을 순서도로 바꾸기

앞서 나왔던 라면 조리법 알고리즘을 순서도로 바꾸면 아래와 같은 모양이 된다.

라면 조리법 알고리즘

- 물과 라면을 준비한다.
- 물을 넣는다.
- 물을 끓인다.
- 물이 끓으면 면과 스프를 넣는다.
- 물이 끓지 않으면 계속 물을 끓인다.
- 4분이 지나면 불을 끈다.
- 라면을 그릇에 담는다.

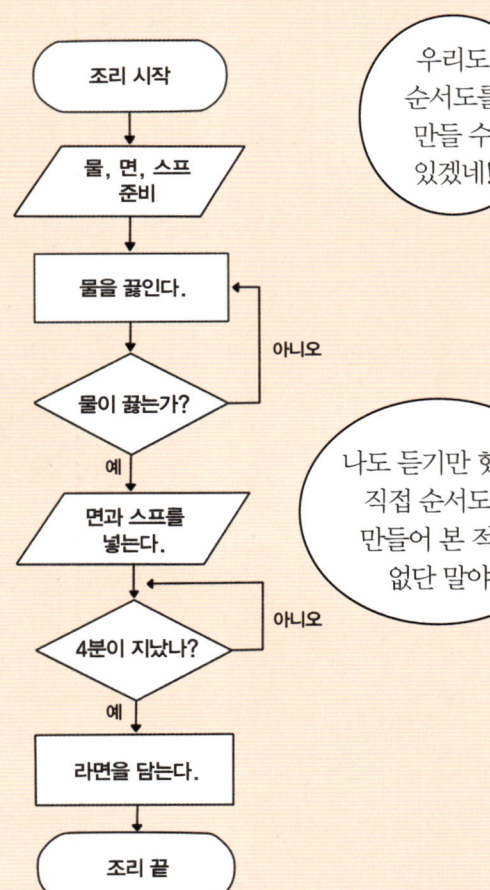

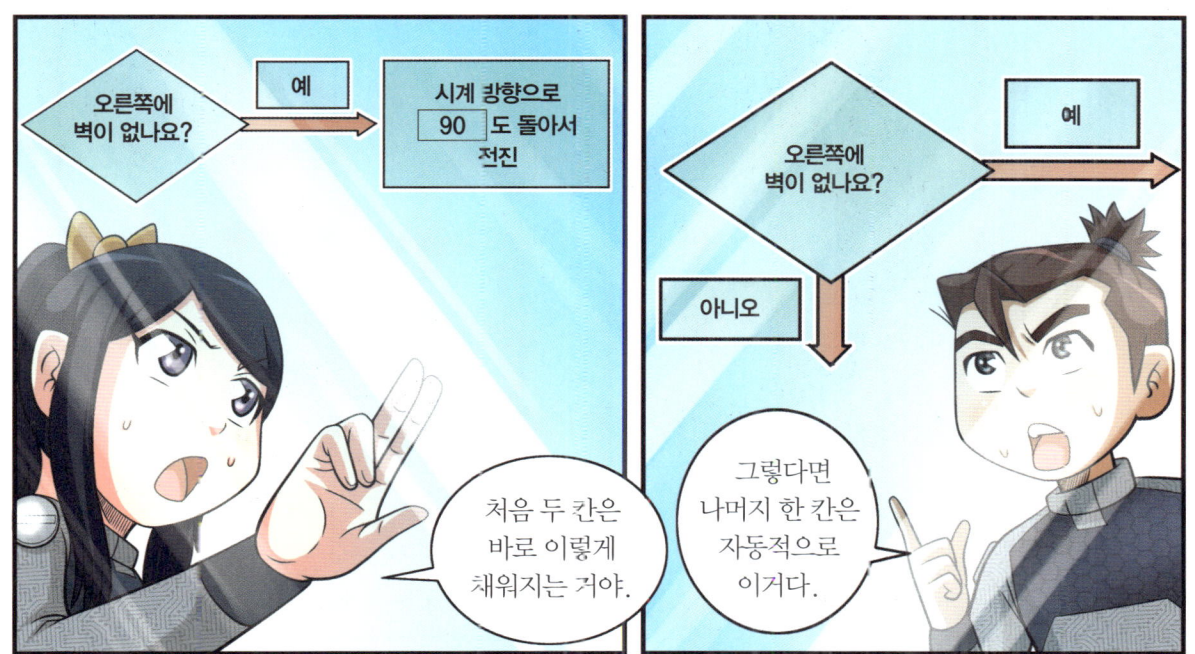

4장
멸종 위기에서 탈출하라!

코딩 프로그램 '엔트리'

엔트리와 스크래치란?

코딩의 세계에 입문하려는 초등학생의 대표적인 코딩 길잡이 프로그램으로 '엔트리'와 '스크래치' 등이 있다. 두 프로그램은 기존 프로그래밍 언어처럼 복잡한 문장을 사용하지 않고, 레고 블록을 옮기듯이 명령어나 여러 대상을 마우스로 간단히 옮겨 가기만 하면 코딩이 되기 때문에 코딩 초보자에게 알맞은 블록형 코딩 소프트웨어이다.

우리도 할 수 있을 것 같은데!

기존 프로그래밍 언어와 엔트리 화면 비교

엔트리 초간단 사용법

사용법은 이 그림을 보면 한눈에 알 수 있겠지?

실행 화면 — 자기가 코딩한 결과를 직접 확인해 볼 수 있는 화면

블록 꾸러미 — 명령어로 사용될 여러 종류의 블록을 모아 둔 곳

오브젝트 모음 — 캐릭터, 배경, 음악, 효과음 등 코딩에 쓰일 다양한 재료를 모아 둔 곳

블록 조립소 — 블록 꾸러미에서 끌어온 블록을 조립해 코딩하는 곳

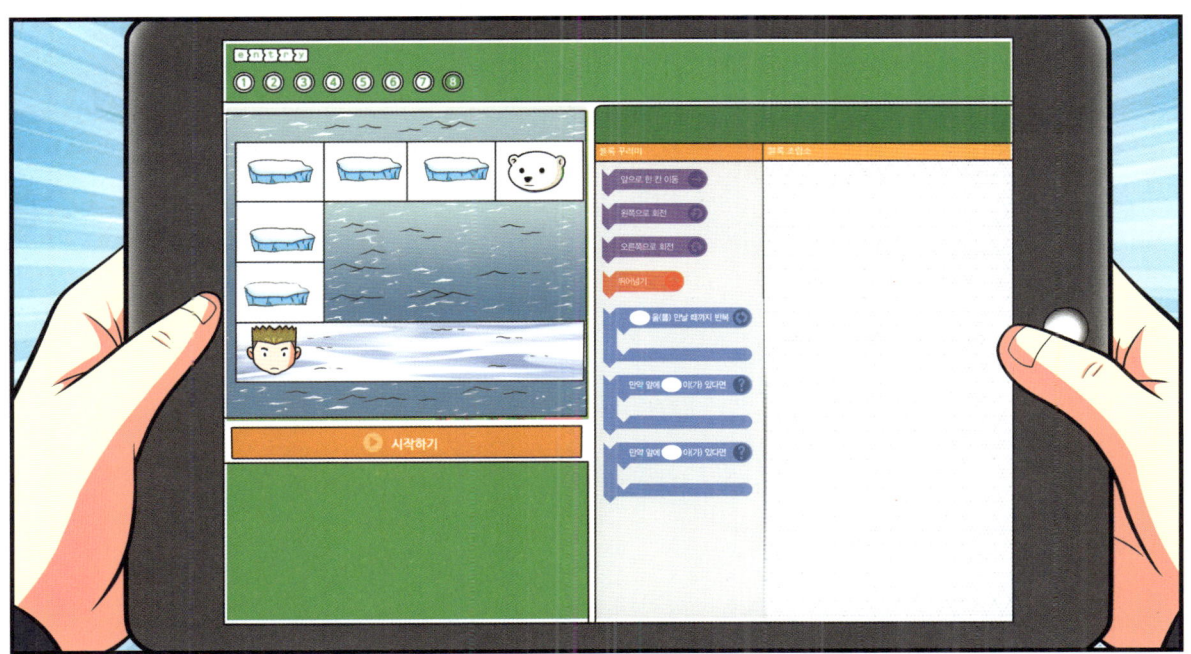

도착!

야호! 성공이야! 이걸로 이번 미션은 끝인가?

그러기엔 뭔가 미션이 가벼워 보여. 뭔가 더 있을 것 같단 말야.

애기야! 기다려. 널 구해 주러 마르탱님이 가신다!

이건 또 뭐래요?

ㅎㅎㅎ.

앗!

얼음 바위

밑이 뚫린 얼음 벽

시작하기

얼음 다리를 건너 새끼 곰을 어미에게 보내 줄 것! 단 한 번이라도 실패하면 지구인은 멸종!!

크흐. 라마. 네 말이 맞았어. 이번엔 '얼음 바위'와 '밑이 뚫린 얼음 벽'이야!

하하하!

슬픈 예감은 틀린 적이 없다니깐. 에휴….

블록 꾸러미
앞으로 한 칸 이동
왼쪽으로 회전
오른쪽으로 회전
뛰어넘기
밑으로 통과
( )을(를) 만날 때까지 반복
만약 앞에 ( )이(가) 있다면
만약 앞에 ( )이(가) 있다면

조건문과 반복문 코딩

조건문
특정한 조건을 만족하는 경우에만 명령이 실행되도록 만든 코드

여기 보이는 조건문은 "만약 앞에 '얼음 바위'가 나타난다면, '뛰어넘기'를 하라."는 명령을 내리는 코딩을 보여 주고 있어.

반복문
일정한 조건이 만족되면 같은 명령을 반복해서 실행하도록 만든 코드

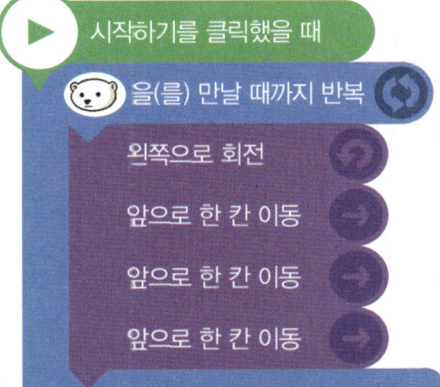

이 반복문은 "북극곰을 만날 때까지 파란색 반복문 블록 안에 있는 보라색 실행 블록(회전과 이동)을 계속해서 반복하라."는 명령문이야.

조건문과 반복문이 함께 쓰이는 코딩

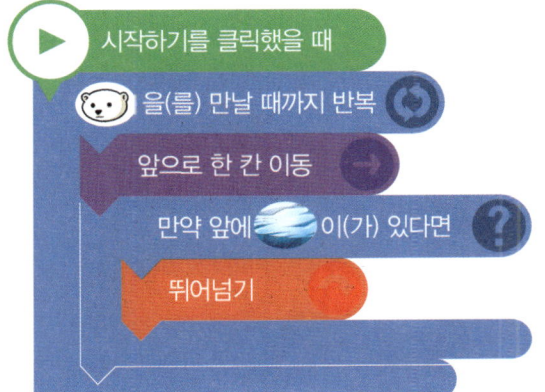

코딩을 할 때 조건문과 반복문은 옆의 코딩 블록처럼 함께 사용되는 경우가 많아. 옆의 코딩 블록은 "북극곰을 만날 때까지 앞으로 한 칸씩 가는 동안, 만약 얼음 바위가 나타난다면 뛰어 넘으면서 가라."는 뜻이야.

이럴 때 쓰는 게 바로 '조건문' 블록!
한 칸 앞으로와 '얼음 바위' 장애물 통과에 필요한 코딩이라면!
훌
쩍
시작하기를 클릭했을 때
앞으로 한 칸 이동
만약 앞에 이(가) 있다면
뛰어넘기
이 정도 바위쯤은 힙합 전사에겐 조약돌 수준이지! 후후!
얼음 바위
밑이 뚫린 얼음 벽
시작하기를 클릭했을 때
앞으로 한 칸 이동
만약 앞에 이(가) 있다면
밑으로 통과
다시 한 칸 앞으로 간 뒤에, 이번에는 '밑이 뚫린 얼음 벽' 장애물을 아래로 통과하게 하는 조건문 코딩이 필요해!

촤아악

이번에는 밑으로 통과! 힙합 스타일 슬라이딩을 보여 주지! 우후~.

곰돌아! 이 마르탱 오빠를 믿으라고!

꾸잉

이번엔 잘했어, 구루!

짝

하하! 이게 진정한 내 실력이라고!

꾸아아앙

헉! 이 엄청난 냉기는 뭐지?

오싹

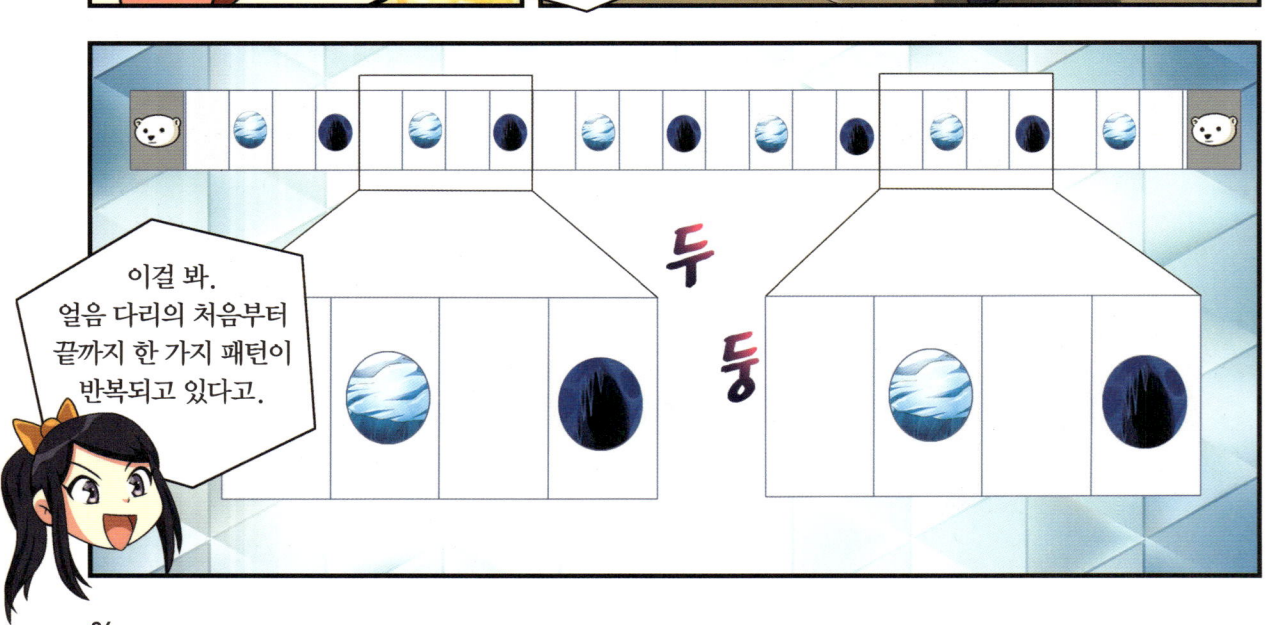

반복문을 이용해 코딩하기

코딩을 할 때 조건이 만족될 때까지 특정한 행동이 반복되는 부분은 반복문을 이용해서 간단하게 코딩해 낼 수 있다. 반복문을 이용해 코딩을 하면, 프로그램의 길이도 줄일 수 있다. 또한 컴퓨터는 훨씬 빠르고 효과적으로 명령을 실행에 옮길 수 있게 된다.

코딩에서 함수란?

코딩에서 사용되는 함수란 복잡하면서도 반복되는 명령을 미리 코딩해 두고 그때그때 덩어리로 불러서 사용할 수 있도록 한 블록 덩어리를 말한다. 예를 들어 마르탱기 다리를 건널 때 썼던 코드를 함수로 바꾸면 다음과 같이 간단해지고, 다른 다리를 건널 때도 바로바로 불러 쓸 수 있다.

함수 만들기

반복되는 명령 코드 블록을 함수 '다리 건너기'에 포함시켜 덩어리로 만든다.

함수 부르기

복잡한 명령 블록 덩어리를 붙이는 대신 함수 '다리 건너기' 블록 하나만 붙이면 된다.

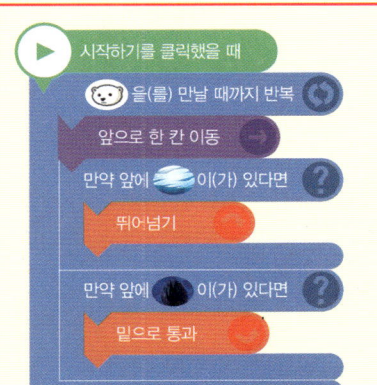

오잉! 함수란 거 엄청 편리한 거네. 컵라면처럼 국물만 부으면 바로바로 먹을 수 있는 즉석식품이었어.

비유가 참… 구루스럽지만 틀린 비유는 아닌 듯.

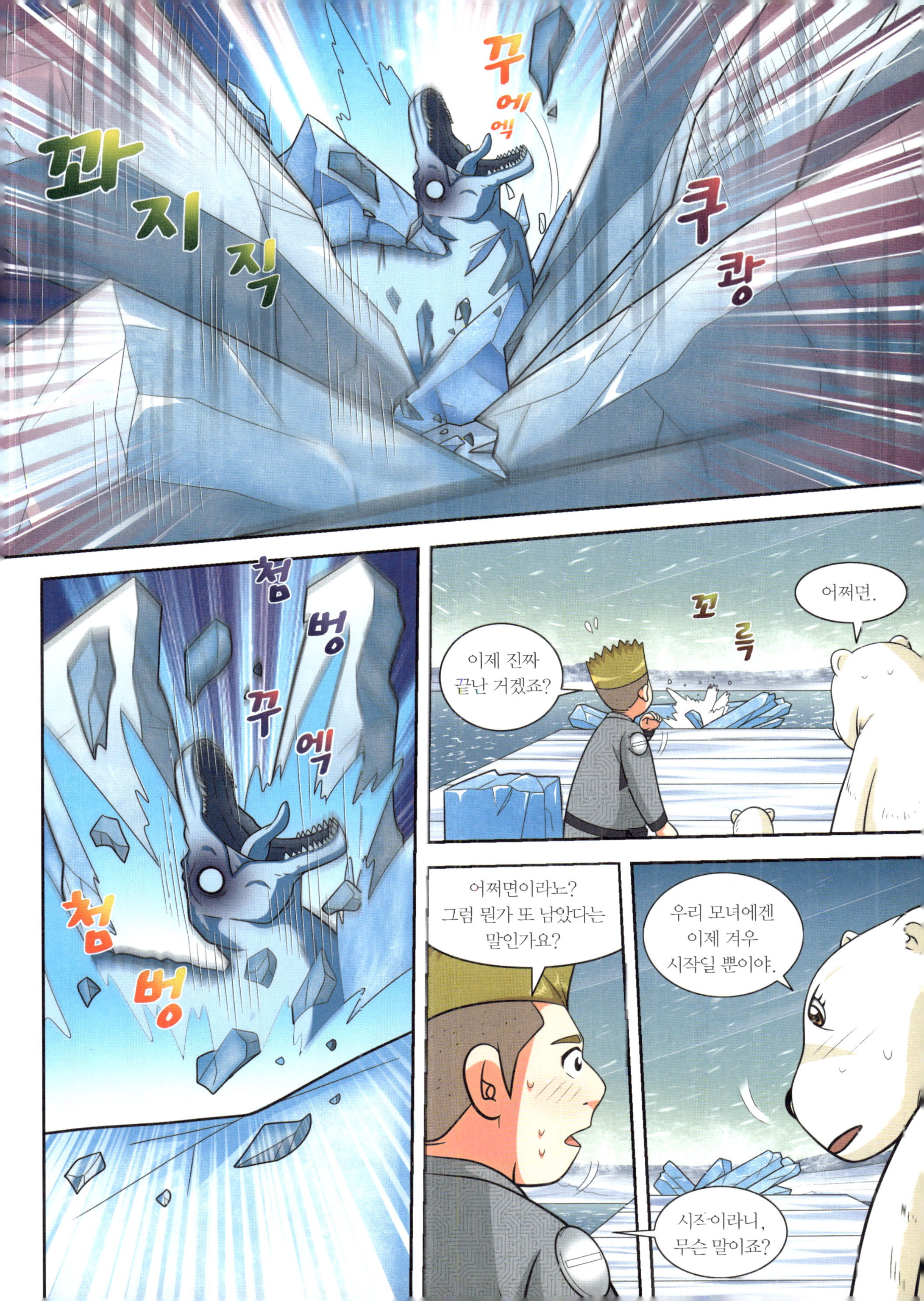

6장
위기의 코딩 유토피아

우웅

응?

저길 봐. 뭔가 엄청난 게 나타날 것 같은데.

웅 웅

코딩 유토피아

코딩으로 만든 신세계란 뜻이야.

코딩 유토피아?

건물은 좋아 보이는데, 왠지 들어가고 싶진 않은걸.

건물 속 숨은 코딩 찾기

코딩, 건물을 움직여라!   에스컬레이터와 자동문, 수도꼭지 작동 프로그램

사람이 다가올 때만 작동하는 에스컬레이터와 자동문. 손을 갖다 대면 알아서 물이 나오는 수도꼭지에는 모두 사람의 동작을 감지하는 센서와 이를 인식해 기계가 동작하도록 코딩된 프로그램이 내장되어 있다.

  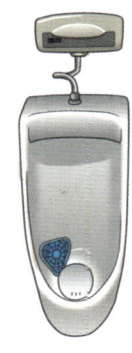

코딩, 자동차를 찾아라!   자동차 주차와 위치 확인 프로그램

자동차가 주차장으로 들어갈 때 찍어 둔 자동차 번호판과 주차된 자동차의 위치와 번호 역시 센서와 카메라로 인식해 자동차의 위치와 주차 시간, 주차 요금 등을 연결해 계산할 수 있는 프로그램이 작동되고 있다.

 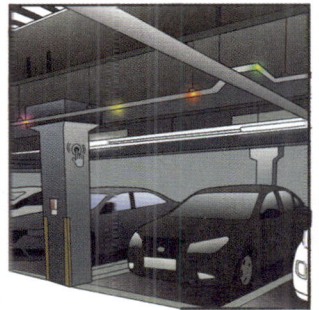 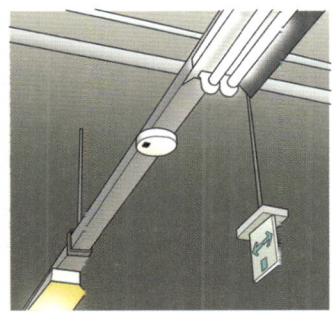

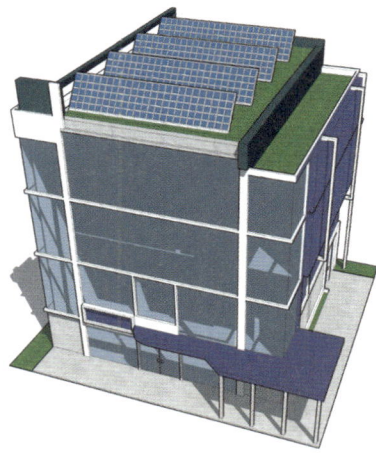

코딩, 친환경 건물을 만들어라!
온도, 습도 조절과 발전 프로그램

시간과 날씨에 따라 태양의 위치를 자동으로 추적해 태양광 패널을 움직여 전기를 생산하는 스마트 발전 시스템. 건물 내부의 온도와 습도를 인간이 활동하기에 가장 알맞은 온도로 유지시켜 주는 건물 순환 시스템은 모두 고도의 기술로 코딩된 프로그램에 의해 작동되고 있다.

건물을 유지하고, 스마트하게 만들기 위해 건물 곳곳에 코딩의 손길이 닿아 있는 거잖아! 놀라워.

인간의 말과 글을 처리하는 알고리즘

챗봇
챗봇은 자연어 처리, 문자 인식 등의 기술을 이용해 사람의 말과 정서를 배우고, 반응할 수 있도록 설계되어 있다.

인공 지능 스피커
사람이 쓰는 말을 이해할 수 있을 뿐만 아니라, 이를 다시 사람의 언어로 말할 수 있는 기능도 가지고 있다. 똑같은 기능이 스마트폰의 음성 인식 앱으로도 사용되고 있다.

동시 통역/번역 서비스
스마트폰 앱과 에어폰을 이용해 서로 다른 언어를 쓰는 사람들끼리 자유롭게 대화를 나눌 수 있도록 해 주는 동시 통역/번역 서비스에도 자연어 처리, 문자/음성 인식 알고리즘이 적용되고 있다.

인간의 말을 컴퓨터 혹은 기계가 이해해 특정한 명령을 처리하고, 그 결과를 인간이 이해할 수 있도록 표현해 주는 기술은 통역이나 번역 서비스, 음성 인식 스피커 등 다양한 영역에서 이미 활용되고 있습니다. 물론 코딩을 대신해 낼 수 있을 정도로 발전하려면 아직 가야할 길이 멀고도 멀지요.

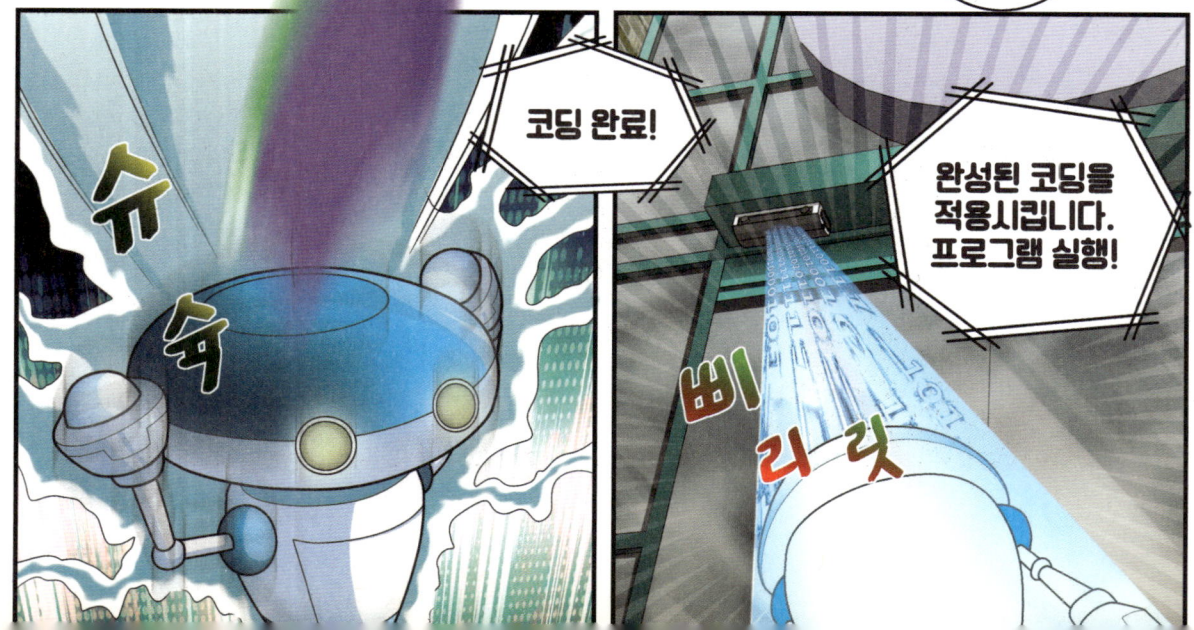

로봇 청소기 코딩 원리

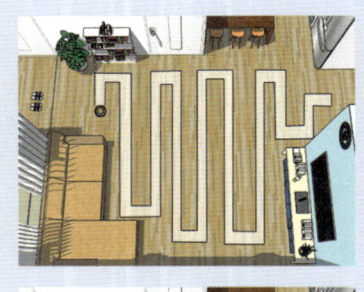

랜덤 방식

로봇 청소기가 움직이다가 장애물을 만나게 되면 정해진 각도로 방향을 틀면서 공간을 이리저리 돌아다니며 청소하는 방식

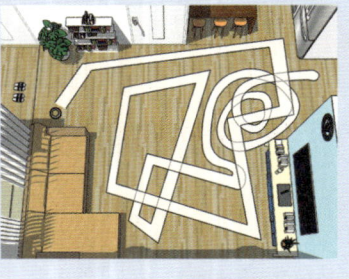

매핑 방식

로봇 청소기가 청소할 공간을 ㄹ자 형식으로 규칙적으로 움직이며 청소하는 방식. 중복해서 청소하지 않게 되어 효율적임

비전 방식

매핑 방식으로 움직이면서, 청소기에 달린 카메라로 공간 정보를 읽어 방향을 바꿔 가면서 움직이게 한 방식. 장애물 뒤의 공간도 찾아낼 수 있음

로봇 청소기 코딩 완료! 청소기들에게 실행 명령을 내려 줘!

로봇 청소기 코딩 완료! 실행!!

로봇 청소기들이 작동하니까, 좀비들이 사라지기 시작했어!

Welcome, 歡迎, Bienvenue, 환영

웅 웅 웅

"우릴 환영한다는 뜻이잖아!"

"헐! 한판 붙자는 게 아니었다고?"

팟 팟 팟 팟

"환영하는 게 맞긴 맞아?"

"우웃!"

"그런 것 같은데, 저기 좀 봐."

두 둥

뉴미디어 아트, 코딩과 문화 – 예술의 만남

인터넷, 빅 데이터, 인공 지능, 3D 프린터와 같은 첨단 디지털 기술을 사용해 표현하는 예술 분야를 '뉴미디어 아트'라고 부른다. 뉴미디어 아트에서 예술가는 자신의 작품을 코딩하는 프로그래머가 되거나, 프로그래머와 함께 알고리즘 개발과 코딩 작업에 참여하게 된다.

비디오와 TV를 이용했던 천재 비디오 아티스트 백남준

백남준은 '비디오 아트'라는 예술 영역을 만들어 낸 세계적인 아티스트로 알려져 있다. 작곡을 공부한 백남준은 TV와 캠코더가 널리 보급되는 것에서 영감을 얻고, 두 기계를 이용해 음악과 미술이 통합된 새로운 예술 분야에 도전하기 된다. 1963년 13대의 TV를 이용해 만든 작품으로 '음악의 전시-전자 텔레비전'이라는 전시회를 연 것이 세계 최초의 비디오 아트 전시회가 됐다. 국립현대미술관(과천)을 방문하면 백남준의 작품 〈다다익선〉을 만나볼 수 있다.

> TV 모니터를 건물처럼 쌓아 올렸어.

> 제각각 움직이는 영상이 모여 큰 하나를 이루는 느낌이야!

미디어 파사드

화가들이 캔버스 위에 그림을 그리는 것처럼, 뉴미디어 아티스트들은 건물 벽면에 그림과 영상을 수놓기 시작했다. 건물의 외벽과 구조를 이용해 역동적인 영상을 연출하는 예술 분야를 '미디어 파사드'라고 부른다.

인터랙티브 아트

예술가들이 만들어 둔 작품을 눈으로 보기만 했던 수동적인 작품에서 벗어나 관객들이 직접 참여해 예술품을 완성해 나갈 수 있게 됐다.

둠 둠 둠 둠 칫 둠 둠 칫
둠 칫 둠 둠 둠
둠 둠 둠 둠 둠 둠 칫

와우! 로봇과 드론이 마르탱의 춤을 따라 추고 있잖아.

멋지다. 마르탱도, 로봇과 드론도!

마르탱님의 동작을 스캔해서 동작할 수 있는 프로그램이 코딩되어 있거든요.

그런 것까지 코딩할 수 있다고?

대단해.

인공 지능을 만드는 알고리즘과 코딩

인간의 뇌처럼 스스로 생각하고, 판단할 수 있는 지능을 가진 인공 지능 시스템은 자율 주행 자동차, 질병 진단뿐만 아니라 예술과 문화, 수학 등 다양한 분야에서 활용되고 있어. 이런 인공 지능 시스템 역시 인간이 생각해 낸 알고리즘과 코딩에 의해 만들어지는 것이고.

알고리즘과 코딩의 세계는 엄청나구나!

머신 러닝

머신 러닝(기계 학습)은 수많은 데이터를 분석해서 그 데이터 속에서 어떤 규칙이나 패턴을 찾아내기 위한 학습을 먼저하고, 학습을 통해 만들어 낸 규칙을 새로운 데이터에 적용해 판단을 하거나, 예측을 하는 기법이다.

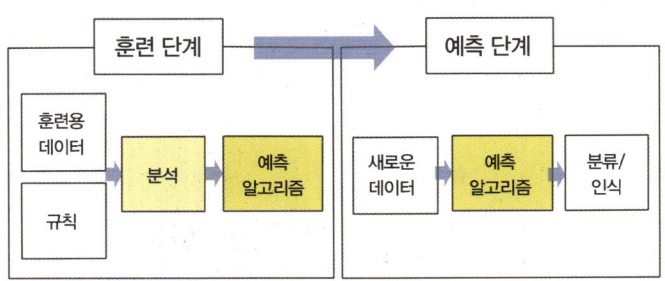

딥 러닝

머신 러닝에서는 데이터를 분류하거나 이해하기 위한 기본적인 규칙을 인간이 미리 정해 주거나 미리 학습을 해야 한다. 하지만 딥 러닝은 규칙을 인공 지능이 스스로 만들어 낸다는 점에서 큰 차이가 있다. 딥 러닝 알고리즘은 인간의 뇌 연결 구조를 본 따 만든 '심층 신경망 네트워크'를 통해 인공 지능 스스로 해답을 찾아가도록 한다.

그럼, 안녕히 가세요.

뭐가?

왠지 아래에서 누가 지켜보는 느낌이라고.

보긴 누가 본다고 그래. 바닥밖에 없는데.

뭔가 느낌이 이상하지 않아?

슈이잉

으악! 내가 뭐랬어! 뭔가 있댔잖아!

이기 뭡니까!

빠악

투웅

잘 가요,
주인님들!
이게 무슨
엘리베이터야!
피유융
우린 구슬이
아니라고!
우아아앗!
뾰 뽕
우아앗
응? 이게 무슨 소리냐.
끄응
우당탕

코딩이 바꾸어 놓을 미래 사회

20세기까지만 하더라도 코딩 혹은 프로그래밍이라면 천재적인 프로그래머들만의 일이라고 여겼어. 하지만 사람과 사람, 사람과 사물이 인터넷과 온갖 센서로 이어지는 4차 산업 세상에서 코딩은 누구나 알아야 할 '언어' 중 하나가 되어 가고 있어.

사람과 사물을 이어 주는 언어

4차 산업 혁명을 이야기할 때 핵심적인 분야가 바로 사물 인터넷이었어. 드론이나 자율 주행 자동차, 가전제품에 이르기까지 각종 센서를 장착한 사물들이 서로 통신을 주고받기도 하고, 인간의 명령을 받아 수행하기도 하지. 이렇게 사람과 사물, 사물과 사물이 아무런 불편함 없이 이어지게 만드는 힘이 뭘까? 그게 바로 '코딩'이야. 사람과 사물, 사물과 사물 사이에 정해진 규칙과 정해진 프로그래밍 언어에 따라 코딩된 프로그램이 '사물 인터넷'이 작동 가능하도록 만들어 주거든. 코딩을 잘 하는 사람은 전 세계 70억 인구 뿐

만 아니라, 수백억 개가 넘는 사물과도 대화를 할 수 있는 능력자가 될 수 있어. 코딩을 배우는 일은 미래 세상에 쓰일 만국 공통어를 배우는 일과도 같아.

미래를 여는 만능열쇠

코딩은 눈에 보이지 않지만 미래 사회, 그 어디에도 있는 유령 같은 존재야. 수준 높은 알고리즘과 코딩의 힘에 기대지 않고서는 수천만 기가바이트가 넘는 빅 데이터 속에서 인류에게 가치 있는 데이터를 찾아내는 일은

꿈도 꿀 수 없어. 자율 주행 자동차가 도로 위의 모든 상황을 파악해 안전하게 운전하기 위해서는 고성능 센서와 컴퓨팅 파워가 제대로 힘을 발휘할 수 있는 알고리즘과 코딩이 필요해. 인류가 부딪히게 될 인공 지능과 가상 현실이라는 새로운 미래 역시 코딩이 없다면 그야말로 상상 속의 세계에 머무르고 말 거야. 코딩은 인간의 뇌와 인터넷, 컴퓨터를 포함한 디지털 세계, 그리고 지구와 우주라는 거대한 자연환경을 연결해 주는 만능열쇠라고 할 수 있어. IT 기술이 발전할수록 코딩의 중요성이 커지기 때문에 코딩 교육은 앞으로 국어, 영어, 수학 못지않게 중요한 과목으로 자리 잡게 될 거야.

잘 쓰면 약, 못 쓰면 독

2000년을 며칠 앞둔 겨울, 전 세계는 '밀레니엄 버그'의 공포에 한바탕 몸살을 겪은 적이 있어. 대부분의 컴퓨터가 2000년을 제대로 인식하지 못하도록 코딩되어 있었기에 2000년이 되는 날, 전 세계의 컴퓨터 시스템이 동시에 멈춰 버리는 재난이 올 수 있다는 두려움이 퍼졌지. 물론 세계 곳곳에서 수정된 프로그램이 만들어지면서 실제로 이런 일은 벌어지지 않았어. 하지만 인간이 하는 코딩은 어떤 경우에도 완벽할 수 없기 때문에 언제 어디서든 잘못된 코딩, 혹은 프로그램 버그(오류)로 인해 다양한 문제들이 발생할 수 있어. 핵 발전소를 운영하는 프로그램이 잘못 코딩되거나, 미사일이나 인공위성을 제어하는 프로그램이 잘못 코딩되었다고 생각해 봐. 몇 줄의 잘못된 코딩이 인류 전체를 위기로 몰아넣을 가능성은 언제나 열려 있어. 여기에 네트워크의 발달로 인해 해킹에 의한 피해는 날이 갈수록 커져 가고 있는 것도 현실이야. 코딩의 불안전함과 해킹의 피해를 막아 내기 위해서는 보안 프로그램의 강화, 여러 겹의 방어막 설치 등과 같은 예방 조치를 충분히 취해야만 해.

코딩이 바꾸어 놓을 직업의 세계

제대로 된 코딩은 자신의 생각과 감정, 창의력과 상상력을 '코딩을 통해' 자신만의 프로그램, 앱, 소프트웨어, 게임 등으로 나타내는 일이야. 프로그램을 짜는 단순한 코딩은 미래 사회에서는 컴퓨터와 인공 지능이 알아서 할 수도 있어.

데이터 과학자

인터넷, 휴대전화, 사물 인터넷 등을 통해 쏟아져 들어오는 데이터의 양은 상상을 초월할 정도로 많고 다양해. 이런 데이터를 수집해서 분석하면 사람들이 무엇을 원하는지, 기업은 어떤 제품과 서비스를 만들어 내야 하는지를 알 수 있어. 데이터 과학자는 데이터를 수집하는 방법부터, 데이터 수집에 필요한 프로그램을 만들고, 이를 분석하고 해석할 수 있는 알고리즘까지 개발하는 역할을 하는 미래의 예언자라고 할 수 있어. 데이터 과학자는 미래 상품 기획부터 날씨 예측은 물론 전염병 예방과 멸종 위기 동물 보호에 이르기까지 아주 넓은 분야에서 활약할 최고의 미래 전문가가 될 거야.

나노 코딩 의사

코딩이 의학과 만나게 되면 어떤 일이 벌어질까? 가장 가능성이 높은 시나리오는 '나노 로봇'을 이용한 의학 기술과 이를 다룰 수 있는 새로운 의사의 등장이야. 인간의 몸 곳곳을 자유롭게 돌아다닐 수 있는 초소형 나노 로봇 기술은 날이 갈수록 정교해지고 있어. 나노 로봇 기술이 발전하게 되면서 의사들의 역할도 달라질 거야. 수술실에서 메스를 잡는 의사보다는 컴퓨터 화면을 통해 나노 로봇을 조종하고, 새로운 질병을 해결할 수 있는 나노 로봇을 코딩하는 의사들이 늘어나게 될 테니까.

보안 전문가

네트워크와 센서, 코딩의 힘으로 온라인과 오프라인 세상이 하나로 긴밀하게 이어질수록 디도스 공격과 같은 무차별한 네트워크 공격이나, 해킹 능력을 무기로 한 디지털 공격이 미치는 영향은 커

질 수밖에 없어. 만약 도로 위를 달리는 자율 주행 자동차가 해킹되어 제멋대로 움직인다면 많은 사람들의 생명을 위협할 수 있기 때문이야. 디지털 보안 전문가는 이런 사이버 공격을 막아 내기 위한 방화벽을 만들고, 백신을 코딩하며, 해킹이 어려운 시스템을 설계하는 등과 같은 중요한 역할을 수행하게 될 거야.

피지컬 컴퓨팅 교육 전문가

미래의 아이들은 각종 센서가 달린 로봇이나 드론을 조립하면서 늘게 될 거야. 스스로 조립해서 완성시킬 수 있는 장치의 종류도 다양해지겠지. 각종 장치를 원하는 방식으

로 작동시킬 수 있는 명령을 담은 프로그램을 직접 코딩해서, 이 장치들에 심을 수 있다는 것이 중요해. 피지컬 컴퓨팅 교육 전문가는 초소형 컴퓨터와 직접 연결된 코딩, 무선 통신으로 서로 연결된 기기들을 다루는 코딩을 가르치는 전문가를 말해. 이를 위해서는 코딩에 대한 전문 지식과 함께, 다양한 전자 장치에 대한 지식까지 함께 갖출 필요가 있어.

코딩을 배우는 일은 좁게 보면 컴퓨터 프로그래밍 언어를 익히는 일이다. 하지만 코딩은 그것보다 훨씬 큰 세계를 품고 있다. 문제 해결을 위한 창조적인 접근 방법, 자신의 생각을 논리적으로 표현할 수 있는 알고리즘적 사고 능력, 새롭게 등장하는 기기와 과학 지식에 관한 폭넓은 지식을 가지고 있어야만 남들과는 다른 코딩을 할 수 있다. 4차 산업 혁명을 이끌 4차원적인 프로그래머가 되기 위한 길에 지금 당장 도전해 보자.

와이즈만 첨단 과학 03

코딩
작전명, 지구를 구하라!

1판 1쇄 인쇄 2018년 11월 16일 **1판 1쇄 발행** 2018년 11월 26일

글 최재훈 **그림** 툰쟁이 **감수** 장윤재

발행처 와이즈만 BOOKs **발행인** 임국진 **편집인** 염만숙
출판사업본부장 홍장희 **편집** 이선아 오성임 김영란 서은영 **기획진행** 임형진 **디자인** 이인희
제작 김한석 **마케팅** 김혜원 연주민 김서혜 김유진

출판등록 1998년 7월 23일 제1998-000170 **제조국** 대한민국
주소 서울특별시 서초구 남부순환로 2219 방배나노빌딩 3층
전화 마케팅 02-2033-8987 **편집** 02-2033-8928 **팩스** 02-3474-1411
전자우편 books@askwhy.co.kr **홈페이지** books.askwhy.co.kr
사용연령 8세 이상
ISBN 979-11-87513-54-4 77500
979-11-87513-46-9 (세트)

ⓒ 2018 임형진, ㈜창의와탐구
이 책의 저작권은 임형진, ㈜창의와탐구에게 있습니다.
저자와 출판사의 허락 없이 내용의 일부를 인용하거나 발췌하는 것을 금합니다.

이 도서의 국립중앙도서관 출판시도서목록(CIP)은 서지정보유통지원시스템 홈페이지(http://seoji.ni.go.kr)와 국가자료
공동목록시스템(http://www.ni.go.kr/kolisnet)에서 이용하실 수 있습니다.(CIP제어번호 : CIP2018030403)

*와이즈만 BOOKs는 ㈜창의와탐구의 출판 브랜드입니다.